LETTRE

DE

PIERRE BARAGNON

A

LÉON GAMBETTA

SUIVIE DE

NOTES AUX ÉLECTEURS MUNICIPAUX

du Quartier Bonne-Nouvelle

PARIS

12, Boulevard Montmartre, 12

—

OCTOBRE 1876

tiques eux-mêmes, témoignent de ta satisfaction et de celle de ton ami Freycinet — dont, par parenthèse, tu as fait le premier sénateur de Paris, bien que la candidature officielle l'eût, dans les derniers temps de l'empire, bombarbé conseiller général « de ce même département de Tarn-et-Garonne, où tu me reproches d'avoir écrit quinze ans auparavant ».

Voilà par exemple une conversion de fraîche date ; elle n'est pas la seule autour de toi.

Mais peut-être ai-je démérité depuis le 8 février, depuis ta retraite à Saint-Sébastien, et me suis-je précipité dans les bras de mes anciens amis politiques de l'opposition sous l'empire, alors que tu n'étais pas député et que tu n'étais point monté sur la tombe de Baudin ?

Peut-être, pendant que, avec Castelar, sous le golfe de Gascogne, vous vous gargarisiez de congratulations et de sécurités respectives, t'ai-je abandonné pour m'assurer un poste sous M. Thiers et Ernest Picard. Non. — Bordeaux m'a vu reprendre la plume le 1er mars 1871, et écrire le premier feuillet de la *Tache Noire*, qui a péri sous les persécutions de l'ordre moral, après cinq ans d'efforts isolés et patriotiques.

A ce moment, après t'être déclaré outrancier pour garder le pouvoir au-delà de toute espérance, tu as, il est vrai, largement lâché tes fidèles. — Et si notre ami Bouquet ne t'avait télégraphié, pour t'offrir, à Marseille, le collége qu'il vient de te reprendre : si, à ton arrivée à Paris, Hayem et moi n'avions combiné l'affiche de la dernière heure, pour ton élection sur la liste de la Seine (où tu n'as pas passé premier), tu risquais de n'être pas nommé du tout et de rester sur le sable entre les radicaux qui commençaient à te connaître, et les opportunistes de l'époque qui ne te connaissaient pas encore assez pour te choisir.

Mais tu as oublié notre manœuvre « THIERS et GAMBETTA, — WHIGS et TORIES » sur tous les murs de la capitale ; tu as largement oublié la dépêche Bouquet à sa dernière élection. N'as-tu pas récemment, en jetant du lest pour t'élever — selon le procédé dont les voyages en ballon t'ont donné l'habitude — pris dans ta nacelle Spuller par les cheveux, comme un sac de terre, pour le jeter par dessus le bord ?

Engagé par toi et avec toi dans la voie radicale, j'y suis resté ferme et convaincu malgré le spectacle quotidien que tu m'offrais de ton appétit et de ton despotisme progressifs.

Malheureusement, la *Tache Noire*, durant cinq ans, n'a pas tour à tour formulé le radicalisme, combattu les radicaux, démoli et célébré Jules Simon. — Elle n'a pas une minute exalté Buffet ni admiré le Maréchal. — Elle ne t'a point ouvert page blanche pour les mouvements circulaires qui nous ont mené où nous sommes. — Elle s'est contentée, sous forme de *Post-Scriptum*, de lutter pied à pied contre de Broglie durant son désastreux ministère.

*

Malheureusement encore tu ne m'as point vu, pendant dix ans, disposé une seule minute à entrer dans tes combinaisons quand y figurait M. Laurier, ni disposé à mêler mes ressources aux siennes à l'époque où il m'était encore possible de mettre quelque argent au service de la République.

Enfin, détail plus grave, pendant que ton immense vanité se lassait de mon franc parler, voilà que tout d'un coup les électeurs de mon département d'origine, les Bouches-du-Rhône, me nomment, sans ta permission, conseiller général du canton de La Ciotat, représenté naguère par le célèbre sénateur Béhic.

Quoi ! Avancer seul, sans patronage ! Tant d'audace t'a blessé. — Tu savais par ailleurs que j'appréciais d'une façon assez cavalière la souplesse de ta diplomatie parlementaire, que je trouvais ton journal poncif, blafard et fabriqué avec des articles à tiroirs et à coulisses, pouvant du jour au lendemain envelopper des nuages pompeux de la doctrine les pratiques les plus contradictoires. Dès lors, une certaine froideur est survenue dans nos rapports ; j'ai gardé mes distances.

Tu t'offenses facilement, je le sais, de la dignité des autres ; mais tu en as toujours eu assez peu pour accepter leurs services. N'as-tu pas usé des miens jusqu'à utiliser pendant plusieurs mois dans ton appartement mon propre secrétaire pour le règlement de tes audiences et pour le classement de tes papiers ? Qui s'en étonnera ? Tu es ainsi pourléché, flatté et adulé que tout t'est dû ! Tu ignores même comment tu vis : on t'habille ; on te sert à manger ; on te fait avancer une voiture ; on te sort ! Tu voyages toujours dans un nuage comme Junon, dans une sorte d'assomption laudative qui te transporte à six mètres au-dessus de terre, si bien que l'on peut, à toute heure, faire passer un fiacre entre tes pieds et le sol du commun des mortels ! Outre que cette habitude de transfiguration n'est ni saine, ni républicaine, elle est gênante, tu l'avoueras, pour les pratiques quotidiennes de la vie et le commerce des hommes.

Où est le temps passé, le temps glorieux de ton obscurité ? Tu avais alors le tempérament entier, ardent, indomptable ; — mais aussi plus français que gênois, c'est-à-dire plus franc que retord. Ton patriotisme, ton amour pour la République étaient luxuriants d'opulence. Il n'en coûtait rien de se dévouer à toi, pauvre et plein de foi, enfant du peuple, dont la passion révolutionnaire inspirait le sacrifice à ceux-là même, tels que moi, qui n'auraient eu qu'à se laisser vivre et à jouir de la fortune, au lieu de la sacrifier !

Compare donc ton cœur, ton esprit, ton talent, ton éloquence surtout, de cette époque et d'aujourd'hui ! En montant qu'es-tu devenu ? La dictature t'a gâté la main. Tu n'as même point su descendre du pouvoir comme le bourgeois M. Thiers. Celui

LETTRE

DE

PIERRE BARAGNON

A

LÉON GAMBETTA

SUIVIE DE

NOTES AUX ÉLECTEURS MUNICIPAUX

du Quartier Bonne-Nouvelle

PARIS

12, Boulevard Montmartre, 12

OCTOBRE 1876

A M. LÉON GAMBETTA

DÉPUTÉ DU 20ᵐᵉ ARRONDISSEMENT DE PARIS

Cassis, Octobre 1876.

Nous avons, mon cher, depuis plus de deux mois déjà, un compte à régler entre vieux camarades. Je te demande pardon de t'avoir fait attendre, mais les affaires du pays passaient, à mon regard, avant les miennes. Je pense qu'à tes yeux et pour les tiennes il en est ainsi. J'ai dû me remettre sur pied après une maladie, remplir mes devoirs de conseiller général, essayer de relever modestement la proposition d'amnistie que tu célèbres dans ton journal et que tu étrangles dans un couloir de Versailles. Bref, je t'ai négligé, et, ce qui est plus sérieux, je n'ai point encore écrit aux Électeurs du quartier Bonne-Nouvelle, ainsi que je le leur avais promis.

J'ai cependant quelques explications à leur donner, pour jeter un peu de lumière sur la discrète infamie que tu as perpétrée à l'égard de ton vieil ami

Baragnon, dans la *République française*, en reproduisant « seul de toute la presse qui se respecte » des extraits d'articles publiés dans le *Courrier de Tarn-et-Garonne* en 1853, et escomptés depuis vingt ans par la réaction.

Tu avais, à cette époque, l'âge tendre de treize ans; tu servais donc la République avec une très sérieuse efficacité !

Ces explications, je les leur transmets aujourd'hui en les accompagnant d'une courte conversation avec toi. Car je suis lassé, tu le comprends bien, d'expier à toute échéance, par des calomnies éditées tantôt par les bonapartistes tantôt par toi, l'indocilité de mon caractère et la trop loyale intrépidité de ma politique. Depuis longtemps, — tu l'ignores moins que personne — toute ambition puérile m'a abandonné ; je pratique respectueusement le principe démocratique « *Ne jamais s'offrir, ne jamais se refuser* », principe qu'il suffit d'énoncer pour faire justice du rôle de Grand Électeur que tu t'es assigné dans la démocratie.

Mais, comme mes états de service sont, au demeurant, plus anciens sinon aussi éclatants que les tiens eux-mêmes, je veux en finir avec la perfidie du petit jeu, des « révélations », chaque fois qu'il s'agit de dérouter, de sophistiquer le suffrage universel et d'écarter un collègue gênant, pour faire la courte échelle à un collègue commode et obéissant dans le rang.

La Démocratie fera de moi ce qu'il lui plaira. — Rien, dis-tu ? ce sera plus court ! — Fort bien ! Au moins n'aurai-je aucune part de responsabilité dans les fautes auxquelles tu associes tant d'hommes estimés du Quatre Septembre.

Oh ! je sais pourquoi tu m'honores d'une persécution particulière : c'est que je te connais depuis longtemps ; je suis trop un ami de la première heure, ce que je dédaigne de prouver par des fragments de ta correspondance qui seraient cependant assez piquants ; tu ne me pardonnes ni mes souvenirs, ni mon indépendance, ni mon désintéressement ; ni surtout la marche progressive que mes idées républicaines ont suivie pendant que tu t'arrêtais.

J'avance tandis que tu recules ! Je suis encore du côté des vaincus, tandis que tu as passé aux vainqueurs, tandis qu'après avoir été le chef des irréconciliables, tu es devenu le chef des « satisfaits » ! Tant d'intérêts, tant de spéculations pseudo-républicaines sont attachées à ta fortune que l'on ménage encore ta personnalité, tout en sachant au fond ce qu'elle contient de vide et de calcul.

Moi-même, jusqu'au jour où tu as gravement compromis la république par le vote des lois telles que tu les as si follement préconisées, je t'avais vu de près, mesuré et estimé à ta valeur ; mais je me taisais ; d'abord parce que la République avait encore besoin de tes services, ensuite parce que tu ne m'avais pas inconsidérément mis en état de légitime défense, en cherchant à m'exécuter, moi, comme bonapartiste, sur le boulevard Bonne-Nouvelle !

Vraiment, l'orgueil t'aveugle ; l'agacement que te cause la résistance d'un mince citoyen comme celui que Spuller dans les dépêches de la « Défense nationale » appelait « ton ami particulier » oblitère ton délicat jugement.

Quoi? tu m'as trouvé bon au 4 septembre, pour être préfet de 1re classe, commissaire républicain investi de pouvoirs civils et militaires, dans un département frontière, — pour inspecter ensuite les mobilisés de douze départements ; et aujourd'hui par une manœuvre entre deux tours de scrutin, tu veux, après six années, faire supposer aux républicains que tu t'es trompé sur mon compte !

Tu me prenais en quelque sorte des mains de Paris soulevé par mes articles du *Centre Gauche*, par ma campagne contre Invasion III après la campagne de Nîmes.

Et maintenant tu veux que j'avoue sur les murailles que j'ai défendu le coup d'État !

Tu n'as pas su faire la République, le 12 août 1870, quand tu pouvais encore cueillir le fruit sur l'arbre, et ne pas laisser à notre parti une trop effroyable liquidation.

Non ! tu as attendu Sedan, c'est-à-dire que le fruit pourri tombât par terre et que les Prussiens aient supprimé l'empereur ; tu as attendu qu'aucun autre parti n'ait daigné mettre la main sur un gouvernement chargé de si prochaines catastrophes.

Tu as attendu Sedan, et tu étais inviolable, tandis que mes presses étaient brisées le 18 août, et que, sous ma plume, Sedan était prévu et le siège de Paris prophétisé !

Même alors, comment l'as-tu proclamée cette République? — Nos amis le savent !

Et c'est toi aujourd'hui qui laisses discuter mes services, tandis que pas une ligne de ton journal n'a osé flétrir la défection de Laurier? — Allons donc !

Ou bien tu es un triste homme d'État qui ne connaît pas les gens auxquels il confie des postes périlleux et importants, ou bien les services que tu as obtenus de moi, aux heures difficiles, ont été assez considérables et assez distingués pour que la feuille qui est ta propriété, et où tu rédiges tes affligeantes réclames, ait perdu le droit de discuter mon passé.

Tu sais mieux qu'aucun la conduite que j'ai tenue à Nice, la faute immense que Sénard, Laurier et toi avez commise en me rappelant. Des évènements trop décisifs se sont chargés d'ailleurs de me rendre justice. Tu sais mieux qu'aucun aussi, avec quel dévouement aveugle et désintéressé j'ai parcouru seul la vallée du Rhône et les Cévennes, au milieu des neiges, — après un effroyable deuil de famille — pour mettre en chemin de fer tes mobilisés qui ne partaient pas. Vingt dépêches recueillies dans l'enquête Daru, par nos adversaires poli-

là, il est resté le même après comme avant, et il perdait une présidence que la France ne te donnera jamais ; car tu es un homme de mauvaise éducation, impitoyablement et irrémissiblement bohême, — et il est réfractaire au génie de la France, d'être gouvernée par un homme mal élevé.

Tu tires donc en vain sur tes amis de la veille pour les punir de te servir de conscience, et pour donner des gages à la classe dirigeante dont tu te rapproches. Tu lui sacrifies gratuitement nos prinpes : elle te traitera toujours en suspect ; car l'histoire ne se refait pas ! N'en es-tu pas, chaque jour, à te suicider sans le savoir ? Si sévère, par exemple, que tu sois pour la Commune, tu ne la juges sans doute pas avec autant de haine que les groupes de majorité auxquels tu t'es rallié. Or, comment veux-tu qu'ils te confient leur sécurité à venir, alors qu'ils se rappellent l'héroïsme de tes efforts passés pour empêcher le crime dont tu parles !

Sais-tu, au moins, comme tu tombes, comme le terrain démocratique fuit sous tes pieds, et comme les fleurs que te jettent nos ennemis te pâlissent doucement et t'empoisonnent ?

Vois-tu seulement nos illusions s'envolant une à une ? et comprends-tu à quel degré tu y aides aveuglément ?

Ainsi, sous la Défense nationale, alors que tu enflammais notre patriotisme jusqu'à l'extravagance par ta merveilleuse parole, la France entière a admiré l'activité fiévreuse, infatigable, avec laquelle tu traversais dans tous les sens les départements non envahis, pour relever les courages, pousser les troupes au combat. Elle mettait, sans hésiter, sur le compte de ta grande âme cette dévorante initiative.

Eh bien, tu as pris, au 20 février dernier, en brûlant, pendant la période électorale, tous les chemins du nord au sud et de l'est à l'ouest pour chauffer simultanément sur quatre ou cinq points du territoire ta propre candidature, le soin de lui montrer que tu sers au moins avec autant d'ardeur ta vanité que la patrie !

Ainsi, pour qui te connaît, se décolore hélas ! ta carrière entière. Elle passera en discours, sans que tu laisses vingt lignes écrites pour la postérité et sans que ton parti lui-même puisse honorer ta mémoire.

Car, de ta vie, on ne t'aura pris un seul instant en flagrant délit de sacrifice pour cette République qui t'a recueilli désœuvré sur les marches du Palais de Justice et t'a fait, aux heures tragiques, l'égal d'un grand souverain.

Pour moi, comme j'ai pendant douze ans visité minutieusement ton âme, j'éprouve quelque fierté, comme républicain, à représenter l'une de tes mauvaises actions, — et je te tiens quitte.

Je ne te dois pas de m'avoir arraché des mains

des cléricaux, car lorsque j'ai eu l'honneur de succéder à Henri Heïne à la *Gazette d'Augsbourg*, j'étais déjà loin de Montauban et tu sortais à peine du *Jardin des racines grecques*.

Je ne sache pas, comme M. Buffenoir, t'avoir dédié de nombreuses pièces de vers.

Je ne crois même pas que tu « m'aies flairé » depuis bien longtemps, puisque il n'y a pas un an, ton gérant de la *République française*, Lenoir, est venu durant des mois entiers, seul, dans ma maison du faubourg Saint-Honoré, 248, composer à mon imprimerie de la *Tache Noire*, et pour éviter toute indiscrétion, les documents les plus confidentiels de la Défense nationale. Il n'y a donc pas un an que les pièces les plus secrètes de ton portefeuille de dictateur étaient en ma possession, classées et composées sous mes yeux, de façon à former un gros volume à clicher en quelques heures, si l'enquête Daru le rendait nécessaire !

Quoi, mon cher Léon, tu as ainsi accepté, durant de longs mois, ce service confidentiel et compromettant d'un ancien « bonapartiste »? Aujourd'hui, tu le juges indigne de la représentation municipale d'un quartier de Paris, et hier encore tu le trouvais assez dévoué, assez inflexiblement discret, assez profondément honnête homme pour avoir en mains les originaux de tes pièces les plus précieuses, assez désintéressé pour mettre ainsi gratuitement au service de « la cause » son propre domicile et ses instruments de travail?...

Et la récompense de ce dernier acte d'affection personnelle et de courage naïf a été l'intervention haineuse de ton influence et de ton journal dans les élections municipales du quartier Bonne-Nouvelle, de ton journal signé par le même gérant *Lenoir*... l'ouvrier typographe que j'avais pour ton compte reçu si longtemps sous mon toit !

Nie les faits, et justifie-toi donc maintenant auprès des gens d'honneur ! Dis-leur qu'il te faut des serfs, et que j'appartiens à la catégorie de ces bons garçons que l'on exploite mais qui sont trop insoumis et peut-être trop corrects pour qu'on les laisse grandir. Dis-leur que je suis assez inepte pour m'être fait un idéal politique républicain que tu ne représentes pas.

Avoue-leur que tu sais mieux que personne combien m'ont coûté de sacrifices d'argent, des persécutions et des déboires de famille mes luttes sous l'empire, et combien, depuis le premier jour où tu fis appel à mon concours, j'ai religieusement et modestement défendu les principes que jadis tu proclamais si haut.

Dis-leur enfin que ton dépit, dont l'expression aux élections municipales, a été si odieuse, vient de ce que mes amis gagnent à Marseille le terrain que tu y as perdu, de ce que d'accord avec Louis Blanc, Grévy, et Thiers lui-même, j'ai résolument combattu la politique qui nous a mené à la constitution Wallon, source d'interminables conflits.

Dis-leur que tu brises ce qui résiste — fut-ce les

plus anciens amis; et que, portant en toi la « raison
d'état », tu es peu scrupuleux sur les moyens dont tu
te sers.

Du reste, que sauraient attendre de toi les républicains depuis ton dernier discours de Belleville? Ils
ont pu juger à la fois les théories nouvelles de ta politique, la façon dont tu interprètes, après coup, un mandat
accepté et la manière plus instructive encore dont tu
terrasses tes adversaires.

Quand on inflige ainsi dictatorialement des leçons
aux électeurs qui, sur la foi des traités, ont eu la
naïveté de vous élire, il faut mon cher être inviolable, — et en réalité, tu ne l'es plus.

Je m'entends : Avant que ta sagesse eut enfermé la
République dans les lois que tu as élaborées avec
MM. Buffet, Bocher et consorts, nul de nous, de crainte
de compromettre l'avenir, n'osait discuter ni tes actes,
ni ta personne, et tu étais en quelque sorte déclaré
infaillible d'un tacite et universel consentement.

Tu as pris alors comme étant dûs à la supériorité de
tes mérites le crédit illimité que t'accordait notre amour
de la République; mais en « constituant », tu as rompu
le charme, rendu à chacun sa liberté d'appréciation sans
péril pour des institutions désormais établies; — dès
lors tu t'es découvert et ruiné.

Ainsi devait finir vulgairement ta carrière, du jour
où tu méconnaitrais ton rôle et je dirais presque ton
génie d'homme de combat pour devenir l'artisan plus

ou moins spécieux de capitulations politiques, du jour où tes habitudes d'ubiquité et d'orgueil te feraient croire que tu pourrais trôner en même temps au milieu de la plaine et au sommet de la montagne.

Je relisais hier encore un vieux billet de toi où tu me parlais, en 1864, du mouvement tournant d'Émile Ollivier! Tu trouvais sa conduite coupable et surtout maladroite. Aujourd'hui que fais-tu? Tu traces une courbe semblable; seulement tu lui donnes, grâce à l'expérience de ce cœur léger, grâce à la supérieure habileté de ton langage, à la finesse de ton jeu, douze ou quinze cents mètres de plus comme rayon. Au premier coup d'œil cela paraît aller droit; à vol d'oiseau, cela tourne, mais avec une grande élégance.

Ce train parlementaire te fera ministre, je le sais, dès que tu cesseras définitivement d'être citoyen. Mais après le portefeuille, tu ne seras plus que « Monsieur Gambetta ». Cela de prime abord semble ne rien signifier; je me demande cependant si Garibaldi ou Hugo s'accommoderaient fort d'être appelés « monsieur » par le peuple.

Pour moi, soldat obscur, mon cher, je porte plus haut; j'attends ta chûte avec la philosophique sérénité que donne une certitude, et je compte sur elle pour le salut des intérêts de la démocratie française.

Il est peu dans ses usages de se payer de mots : — le système des harangues n'a qu'un temps. Donc la plus sérieuse blessure que tu m'aies faite en cherchant à

**

flétrir mon nom par un souvenir de jeunesse, depuis vingt-deux ans racheté, c'est la nécessité où tu m'as placé d'écrire cette lettre et de parler aussi longuement de toi et de moi ; — cela m'est odieux.

Seulement, les quelques centaines d'électeurs que tes vaillants émissaires m'ont enlevés, trouveront peut-être comique, en la lisant, que tu aies pu me faire passer, fut-ce une heure, pour bonapartiste à leurs yeux ! Ils auront eu le temps, en effet, de placer en regard des dix lignes d'un étudiant de vingt ans exumées par ton incorruptible gazette, les malédictions à la dynastie régnante, les cris déchirants de patriotisme que lançait à la foule le journal dans lequel s'est englouti ma fortune au 4 septembre 1870, et dont l'héroïsme pouvait à cette heure suprême me coûter, nul ne l'ignore, plus que la liberté, la vie.

Pierre **BARAGNON**.

NOTES AUX ÉLECTEURS MUNICIPAUX

du Quartier Bonne-Nouvelle

ÉLECTIONS MUNICIPALES

DES 16 ET 23 JUILLET 1876.

2me ARRONDISSEMENT DE PARIS.

Quartier Bonne-Nouvelle.

Les citoyens électeurs du quartier Bonne-Nouvelle savent quelle opposition effrénée a été faite, entre deux tours de scrutin, à Pierre Baragnon, candidat de leur comité.

Aujourd'hui que le calme s'est produit dans les esprits, Baragnon tient à cœur, d'adresser à ses amis, les explications qu'il leur a promises.

Quant à ses adversaires, ils ne perdront rien à ce délai; et s'ils ont eu, pour couronner leurs intrigues, le bénéfice d'une maladie grave de plusieurs semaines, causée par des fatigues inattendues, voici qu'ils sont en face aujourd'hui d'un homme très-vivant et disposé à revenir devant tous sur son passé, à justifier sa politique, à ne refuser aucun détail d'une vie qu'il livre au grand jour de la conscience publique.

Il serait trop commode en effet, de combattre un républicain avec une persistante déloyauté, de mécon-

naître vingt ans de services rendus par lui à la démocratie militante, d'user, pour le frapper, à la dernière
heure, des armes qui ont été impuissantes entre les
mains de la réaction ; puis, la victoire remportée, de
jouir bras croisés d'un triomphe acheté par d'inqua-
lifiables manœuvres, et de dire : *Causa finita est*, rien
n'est changé, il n'y a à Paris qu'un républicain de
moins. On a exécuté..... comme bonapartiste..... vous
savez qui ?..... — Pierre Baragnon !...

Un peu plus doucement s'il vous plaît, honorables
contradicteurs et pseudo-démocrates. Ce Pierre Baragnon
a eu l'insigne honneur d'être spontanément choisi par
un nombre considérable de citoyens du quartier Bonne-
Nouvelle, qui se sont rendus chez lui pour lui offrir la
candidature au Conseil municipal de Paris. Après trois
réunions préparatoires, il a été acclamé seul candidat :
et en effet, le comité démocratique, composé de seize
membres, votant à l'issue de la dernière réunion « au
scrutin secret » lui donnait *douze voix* sur *seize*. Enfin,
le dimanche suivant, Baragnon réunissait à un premier
tour *onze cent quarante-neuf voix*, laissant ses concur-
rents les mieux partagés à six cents voix en arrière ; au
second tour, la coalition anormale, irrégulière, de ses
adversaires lui faisait perdre, malgré des intrigues
inouïes moins de 250 voix, et plus de neuf cents citoyens,
républicains radicaux du quartier, se comptaient encore
sur son nom !

De tels témoignages honorent celui qui en est l'objet,
mais en même temps ils l'obligent.

Ils lui créent le devoir impérieux de défendre son
honneur politique, sa vie publique et sa vie privée
contre les accusations sourdes, grossières, anonymes,
qui, traînées au grand jour, devront tourner à la

confusion des gens qui les ont répandues et des instiga-
teurs perfides de ces divisions électorales dont veulent
profiter les « opportunistes », les cléricaux et les mo-
narchistes.

––––––––––––

Quoi ! les plus fidèles amis de Loiseau-Pinson, le
groupe même qui représente véritablement sa tradition,
ses idées, son programme, ont soutenu Baragnon jusqu'à la fin sans se démentir un seul instant. Ces citoyens incontestés l'entourent de leurs sympathies
inébranlables ; ils couvrent encore maintenant son
honneur de leur indiscutable honorabilité. Ils dé-
clarent « qu'ils ont compris » la cause véritable de la
guerre acharnée poursuivie contre sa personne ; ils re-
connaissent cette vérité éclatante : à savoir que l'on
cherche à écarter un homme parce qu'il déplaît à cer-
tains pontifes du parti, parce qu'il est libre, indépen-
dant, parce que sa candidature n'a pas reçu en haut
lieu la sanction des députés ou sénateurs qui prétendent
inspirer ses choix au suffrage universel. Les membres
du comité démocratique, négociants et ouvriers, sont
eux-mêmes en butte aux allusions, aux insinuations,
aux obsessions les plus diverses ;... et, pour eux comme
pour lui ils n'apporteraient pas aux quatre vents de la
publicité dans notre quartier Bonne-Nouvelle une défense complète de leur candidat ? Allons donc !

Que penseraient alors les comités radicaux de La Ciotat, de Nîmes, de Marseille, qui, les uns ou les autres,
ont assisté à dix ans de bon combat, — qui, dans cette
circonstance, ont couvert son nom des plus ardents

témoignages d'estime et de confiance, — si, sur le choc
d'une poignée de jaloux et de calomniateurs, pour la
première fois de sa vie, Baragnon désertait la bataille ?

Non, non, personne ne l'a pensé, n'est-ce-pas ? Personne n'a cru qu'honoré d'une moyenne de *mille suffrages* pris sur les *listes municipales* dans le quartier de
Paris industrieux, vivant, commerçant, actif et ouvrier
par excellence, qu'engagé dans la lutte entre nous et les
modérés, alliés conscients ou inconscients des bonapartistes, des royalistes et des jésuites, — il en resterait là.

Notre premier combat n'est point une défaite, il est
« le commencement d'une victoire ». Aussi paraît-il
fort naturel qu'on tire à mitraille sur Pierre Baragnon
qui a eu l'insigne honneur de tenir le drapeau !

Et maintenant, marchons droit aux faits. Que lui
reproche-t-on ? Quelles sont les pièces écrasantes de ce
fameux dossier que M. Brelay, député, — qui paraît avoir une délicatesse assez accomodante — recèle
chez lui, produit, dit-on, à qui veut le voir, tout en
dégageant prudemment sa responsabilité.

Le dossier de Pierre Baragnon ! Peste, nous ne savions
point que des républicains aussi bien cotés que
MM. Corbon, Dujarrier, Brelay et consorts avaient le
courage de plonger ainsi leurs mains jusqu'au coude
dans la cuisine bonapartiste des dernières années de
l'empire.

Car l'affaire du « dossier de Pierre Baragnon » n'est
point nouvelle ; elle a été plaidée tout au long, avec le

retentissement voulu, au tribunal de Nîmes (Gard), par Ernest Picard, soutenant une plainte en diffamation contre un journal clérical napoléonien, rédigé en 1868, par un écrivain attaché depuis à l'*Ordre*.

A cette époque, Baragnon luttait à outrance, comme on sait, contre l'empire ; il venait de participer à la célèbre réunion Sagnier, et soutenait dans le *Bulletin international* « la coalition démocratique » qui permit plus tard les succès électoraux de Cazot et de Laget.

Pourquoi donc MM. Brelay et Cie n'ont-ils point demandé à M. Ernest Picard, sénateur, des détails sur les révélations qui ont été produites alors contre Baragnon ?

L'honorable avocat eut là l'occasion de faire publiquement de l'histoire, pièces en mains. Quel fut le résultat de cette audience où les amis du préfet bonapartiste Boffinton, les ennemis acharnés de la république, clergé en tête, dépensèrent inutilement leurs forces, leurs ruses et leur venin ?

Quel dossier les adversaires produisirent-ils, après avoir annoncé avec grand retentissement des pièces scandaleuses ? Aucun !

On reproche sans doute à Baragnon d'avoir commencé trop tôt à agir, à parler, à écrire ; de s'être montré dès l'enfance un esprit indiscipliné et turbulent, de s'être émancipé dès seize ou dix-sept ans, dès ses études terminées, et d'avoir signé à vingt ans, son premier livre, écrit sur quoi que ce soit. Ah ! oui vraiment.

Eh bien, si dès l'origine il n'avais point été hanté, poussé par de vivaces instincts d'indépendance et de liberté, s'il n'avait point eu le goût de la discussion,

de l'investigation, du libre examen, que fût-il advenu
de lui, né dans une maison ultra-légitimiste par sa
vieille mère,— orléaniste, bonapartiste, surtout instinc-
tivement conservatrice par les Baragnon ; famille d'ad-
ministration et de robe, ancienne, honorable, dans
laquelle on compte des orateurs, des écrivains, des savants, des hommes d'une probité traditionnelle, — nous
ne parlons pas de l'échantillon moderne que nous avons
vu au pouvoir, — mais aussi race bourgeoise, pénétrée
de respect pour la hiérarchie, de considération pour les
grands, de dédain ou plutôt d'indifférence et d'igno-
rance pour les instincts et les intérêts populaires, ayant
toujours vécu du côté du manche, entre le pouvoir et
le clergé — méprisant la démocratie... ou plutôt ne la
comprenant pas !

Si Baragnon continue à être un *isolé*, un tempérament peu souple et à vivre volontiers du côté des com-
battants, c'est que, dès l'origine, son émancipation lui
a coûté l'immense sacrifice de ses espérances de famille,
de la vie en commun, l'abandon des biens matériels qui
facilement pouvaient lui revenir, la perte aussi d'affec-
tions précieuses qui, — souvent, grâce au confesseur —
se détachent de ceux dont les idées sont subversives
et... criminelles !...

Voilà donc cette jeunesse sur laquelle on essaie d'im-
primer une tache, uniquement par ce qu'elle a été ac-
tive, indépendante, généreuse. A vous, qui mettez
tout juste l'orthographe, dont la vie égoïste, étroite,
occupée à amasser sou sur sou, à tourner au vent la
voile, s'est dépensée au service de vos intérêts, — à vous
qui n'ayant rien fait, n'avez ni passé, ni histoire, ni
« dossier » autre que celui que connaissent trois ou
quatre de vos voisins, édifiés sur les laideurs ignorées

de vos médiocres personnes, plébiscitaires hier, radicaux aujourd'hui, nous voudrions donner la parole pour la lecture de cet acte d'accusation.

Né dans les Bouches-du-Rhône, élevé à Nîmes, tout gamin, Baragnon y écrit avec un style impossible, amphigourique, — le style de 17 ans, — dans des feuilles de choux, dites littéraires, qui dévorent régulièrement ses économies.

A Paris, à la fin de ses études faites à l'institution Jauffret et à Charlemagne, il se prend d'une belle passion pour le « magnétisme ». Il avait suivi les cours de Dupotet, d'Hébert, de Garnay, de Lafontaine. Il trouvait leurs méthodes vicieuses, mauvaises, compromises soit par des illusions folles, soit par un charlatanisme évident.

Bref, encore mineur, il tourne le dos à tous les obstacles. Il mécontente très-fort son père, un magistrat respecté, et se rend en Italie, à Pise, pour y présenter des expériences à l'Université du duc de Toscane. Là, il publie un ouvrage de controverse combattant le charlatanisme, luttant contre une prétendue « clairvoyance », précisant des phénomènes « physiologiques » qu'il croit irréfragables.

Ce livre, — imprimé par Vannuchi, éditeur, — fait du bruit malgré l'âge de l'écrivain. Les savants s'en émeuvent. La première édition est enlevée, traduite en plusieurs langues. Moins méprisants que nos académies sur un sujet encore si peu connu et si misérablement exploité, Messieurs Burci, Piria (l'auteur des travaux sur la *sparagina*), le vieux Puccinotti (l'éminent médecin qui a créé le dictionnaire italien de médecine légale), le célèbre Matteucci enfin, — le savant, le grand ministre libéral que l'Italie regrette encore, — assistent à des expérimentations avec les aimants rotatifs.

Trois mois après Baragnon rentre en France pour y terminer son droit! — Tel est son immense péché de jeunesse. — Il a produit un volume écrit avec peu de connaissance de la langue, mais qui a eu les honneurs de plusieurs éditions, de nombreux plagiats. Cet essai curieux figurera, plus tard, en première ligne dans l'œuvre entière de l'écrivain.

A Toulouse même, en 1852, un libraire donne une nouvelle édition de ce travail, grand in-8° de 300 pages. C'est celle que notre ami a l'habitude d'offrir, avec une dédicace spéciale, à ses puissants détracteurs.

Aussi bien M. Germer-Baillière, conseiller municipal, pourra-t-il se montrer plus indulgent qu'eux, puisque l'édition dont s'agit à l'honneur de porter son nom, car son grand établissement se chargea de la vente d'une étude qui sent ses vingt ans, mais vaut bien, dans son genre, « La vieillesse de Brididi » écrite plus tard par Rochefort.

Nous sommes en 1853. Notre candidat doit être avocat, avant de compter pour vivre sur l'appui pécuniaire de son père. A-t-il une opinion? Non. Avant le coup d'Etat a-t-il connu des républicains? Jamais. Famille, amis, éducation, clergé, société au milieu de laquelle il a vécu, ces premiers éléments de la vie d'un homme, ont-ils éclairé sa route, au contraire? De plus, un an avant le coup d'État il avait quitté Paris, les bancs de l'école. Au 2 décembre il était loin de France.

A Toulouse où il prend ses inscriptions, on lui propose cinquante francs par mois (1) pour rédiger des *faits divers* dans un journal : l'*Aigle !* — Il accepte. Six mois après, continuant son droit, il trouve à Montauban un journal bi-hebdomadaire à rédiger, le *Courrier de Tarn-et-Garonne*; bref, un an après, il devient rédacteur de la *Normandie* de Rouen.

Ce sont ses ardeurs impériales, sans doute, qui le font ainsi avancer? — Nullement.

Il n'a jamais connu ni fréquenté d'hommes considérables de l'empire. Métier, besoin de vivre, défaut de lumière et de foi; aussi peut-être amour d'écrire, vanité d'être imprimé, tel est son cas. Or, la *Normandie* appartient à Delamarre de *La Patrie*, un vieux fanatique de magnétisme. Le livre et la jeunesse de Baragnon l'enthousiasment; il le nomme.

Là s'arrête cette carrière de bonapartisme outrageant qui, après vingt-deux ans, a si opportunément révolté nos antagonistes! — Son père défunt, une démission suit de vingt-quatre heures la certitude d'avoir quelques moyens d'existence. La *Gazette d'Augsbourg* est ouverte à l'écrivain. Il y publie des lettres d'opposition, car le groupe de Paris, au milieu duquel il vit, lui a ouvert les yeux.

La « Presse Belge » désigne Baragnon pour son représentant; il s'attache par la collaboration à notre proscription républicaine de Bruxelles qu'il a, quinze ans de suite, fréquentée dans l'exil !

On a écrit quelque part, dit-on, qu'il avait fait partie du bureau de la presse sous l'empire. Cela est absolument faux. — Il a écrit dans des journaux gouvernementaux de 1852 à 1855. — Que l'on se reporte à cette époque, — en existait-il d'autres ? Mais aucun service ne l'a attaché durant l'empire à aucun ministère, à aucun poste, quel qu'il soit, rémunéré par l'Etat.

Sont-ils nombreux les hommes politiques de quarante-cinq ans, tenant une plume depuis leur vingtième année, et pouvant dire que de 1855 à 1870 ils n'ont rien reçu de l'Empire ni consenti à remplir une fonction qui inscrivit leur nom au budget de leur pays ? Combien Pierre Baragnon peut-il en revanche énumérer de citoyens accueillis par la démocratie et dont l'opposition date sinon du 4 Septembre du moins de peu de temps auparavant, — et même pas du Plébiscite !

Mais non ! Il faut que Baragnon reconnaisse qu'en 1853 il a fait l'apologie du Deux-Décembre. Vingt ans de carrière protestent. Rien dans les souvenirs d'un passé si lointain ne lui rappellent ce fait énorme, monstrueux, « avoir célébré le Coup d'État ».

N'importe ! Les adversaires fouillent, compulsent des bribes d'articles et trouvent ce panégyrique soi-disant si compendieux, si complet, dans quoi ? dans le lambeau de phrase suivant :

« ..... *De ceux-là l'Empereur en a fait justice soit par l'exil, soit par la clémence et le pardon* ».

Et c'est en vertu de ces deux lignes que l'on voudrait prouver que notre candidat mentait à ses électeurs !

Le Baragnon de quarante-cinq ans — qui a écrit depuis, plus de dix mille pages, dont la plupart ont constitué en détail la mise en jugement de cet Empereur même — avait dit au Comité radical : « Oui, j'ai collaboré jadis à des journaux bonapartistes ; mais je ne crois pas, si jeune que je fusse, m'être attaché un jour dans vie ma à la défense du Coup d'État. Et ce passage dans le bonapartisme a d'ailleurs été si insignifiant et si dépourvu de résolution et de violence, que dès le lendemain, les proscrits de Bruxelles ont accepté d'écrire sous ma direction et de recevoir de moi le prix de leurs travaux ».

Or à ces misérables fragments, insidieusement détachés d'articles publiés en 1853, à Montauban, n'avons-nous pas le droit d'opposer les pages célèbres tracées par Baragnon en juin, juillet, août 1870, à Paris, sous l'état de siège, la veille de la grande crise :

On lisait dans le *Centre Gauche* :

— 8 Août 1870 :

« *Dépéchons-nous, le temps presse, les heures de Paris sont comptées.*

« *La France ne veut pas qu'*UN SECOND NAPOLÉON *lui ramène* UN SECOND 1815.

« *Que la Chambre choisisse par acclamation comme ministres* THIERS, PICARD, JULES FAVRE, JULES SIMON, GAMBETTA, etc..... »

— 10 août 1870 — (En tête du journal) :

« *Nous voulons nous faire tuer* POUR LA FRANCE *mais pas pour vous.*

« *Il faut un comité de salut public et de* DÉFENSE NATIONALE.

« *Ecraserez-vous les* PARISIENS *ou les* PRUSSIENS ?

« *Donnez l'*AMNISTIE GÉNÉRALE ! »

— 12 août 1870 — (Aux généraux de l'Empire) :

« *Disparaissez ! Vous avez laissé toucher au* SOL SACRÉ DE LA RÉPUBLIQUE *et vous n'avez pas su le défendre !* »

— 14 août 1870 :

« *Le parti démocratique n'a qu'un mot d'ordre à donner : et demain Paris est soulevé, le peuple dans la rue. Et sans tirer un coup de fusil , si de huit à neuf heures du matin il demande la* RÉFORME, *à midi il a* SA RÉPUBLIQUE ! »

— 17 août 1870 :

« .... *Est-ce une victoire parce que l'Empereur n'a pas été pris ?* QU'ILS LE PRENNENT DONC CE SOUVERAIN ! *Oh ! certes, la France le leur donne et le leur livre ; — il n'emportera ni un atôme de notre génie, ni une parcelle de notre honneur national.*

« *Que sa femme et son fils aillent soigner ce prince et partager avec lui les douceurs d'un opulent exil compendieusement préparé.*

. . . .

« *Que viendrez vous défendre à Paris, Majesté ?*

« *Votre personne ?... Si les Bonaparte* SAVAIENT SE FAIRE TUER *aux avant-postes elle ne serait plus ici à sa place. Mais* BONAPARTE, MURAT, PATTERSON ,

Jérôme, *etc... Je n'en discerne aucun à ces avant-postes l'épée à la main !*

« *Votre* Dynastie ? *Elle est devenue pour la France celle de l'Empereur* INVASION III ! ! !

. . . .

« *Votre nom n'est même plus prononcé ; en tête des décrets il étonne, et les journaux les mieux en cour racontent que l'Impératrice* SERRE AVEC SANG-FROID SES BIJOUX.

— 18 Août (dernier jour) — (Aux députés) :

« *Songez que l'éloignement de la dynastie serait déjà pour la France la disparition de la moitié de l'humiliation .*

« *La responsabilité effective et constitutionnelle qui pèse sur l'empereur me permet légalement de vous tenir ce langage et de* DEMANDER LA DÉCHÉANCE. »

Et ces pages de patriotisme et de désespoir jetées à la face d'une dynastie non déchue qui inscrivait des premiers sur les listes de proscription projetées le nom de Baragnon, ces pages que se disputait Paris, supportent-elles un rapprochement avec l'appréciation emphatique et ignorante du jeune homme qui écrivait à Montauban en 1853 ?

Auquel des deux actes la conscience républicaine de ce même Paris s'arrêtera-t-elle aujourd'hui ? Et qui donc nous fera croire à l'aveugle injustice de la démocratie ?

————

Une note biographique sur l'ex-candidat du Comité du quartier Bonne-Nouvelle a été distribuée aux électeurs. Cette note est de la plus rigoureuse exactitude. On n'a pour relever ses états de service qu'à la suivre pas à pas.

Occupons-nous donc seulement des objections :

Baragnon, pendant huit ans, a été chargé à Constantinople de la direction de l'Imprimerie du gouvernement ottoman et d'un journal qui appartient à la Sublime-Porte. Grief, au point de vue républicain!....
— Oui, mais en même temps, à la même époque, pendant le même nombre d'années, il consacre vingt-mille francs par an à soutenir un journal à Bruxelles, *Le Levant*, dans lequel écrivent Tavernier, Houllier, Delécluze, Bancel, Castelnau, Eugène Pelletan, nos proscrits, nos démocrates de vieille date! Ce journal *Le Levant* provoque avec acharnement des réformes en Orient, rembourse par des conseils démocratiques et libéraux l'hospitalité que l'ancien sultan Medjid et Reschid-Pacha son grand vizir accordaient généreusement aux réfugiés de toutes les révolutions européennes : polonais, hongrois, garibaldiens et français. Ce journal soutient dans le nouveau-monde l'indépendance Mexicaine. Son opposition anti-napoléonnienne le fait proscrire à la frontière de France.

Pendant le séjour de Baragnon à Constantinople, l'ambassadeur de France voyait en lui un ennemi juré des Bonaparte, et M. Saint-Vallier, aujourd'hui sénateur *républicain*, sollicitait d'Aali-Pacha l'expulsion de cet écrivain, comme ayant blessé par ses articles l'impératrice des Français!....

Enfin, quand Baragnon a quitté de son plein gré le service ottoman pour rentrer dans sa patrie et suivre dans la *Presse* la campagne de Sadowa, il a reçu, comme témoignage éclatant de respect pour son honorabilité et son mérite, une lettre de ce même premier ministre ottoman qui représentait le sultan aux conférences de Paris. Alors la Turquie, sous la protection de la France, semblait résolue à de décisives réformes. Cette lettre accompagnait une pension viagère dont Baragnon a joui deux années seulement, pour s'être refusé à s'occuper encore en quoi que ce soit des affaires de la Turquie...

Que racontent donc M. Brelay et ses amis sur cette période de l'existence de notre candidat?

Baragnon quitte en 1866 la *Presse* pour acheter le *Mémorial diplomatique*. Ne se souvient-on pas du procès soutenu contre M. Baragnon par Mᵉ Allou, avocat du propriétaire du *Mémorial*? A-t-on oublié que derrière ce dernier se cachait le marquis De Lavalette ministre de l'intérieur, qui refusait à M. Baragnon le droit d'acheter, le ministère ne voulant pas accepter « la signature d'un nouveau gérant » ?

A cetté époque, une brochure très-vive fut publiée par Baragnon : il ne fait pas mystère de l'écrit. C'était un audacieux pamphlet intitulé : *Lettre de Pierre Baragnon au Marquis de Lavalette*. Sous la forme la plus sarcastique et la plus blessante, l'auteur y raconte au public l'historique de sa lutte ouverte contre le ministre de l'intérieur.

Est-ce cette brochure, sœur aînée de la *Lanterne*, qui figure au dossier de M. Brelay?

Alors il y trouvera, en la feuilletant,. le *fac-simile* d'un certificat donné « à son pédicure » de Londres par Louis-Napoléon Bonaparte, certificat du dernier grotesque! Il y avait peut-être quelque courage à publier en 1867, en plein Paris, à la moustache de l'Empereur, une pièce pareille ; or, quelle autre révélation écrasante recèle donc cet opuscule ?

Les griefs des ennemis de Pierre Baragnon s'étendent-ils au *Bulletin international* fondé par lui à Dresde, en pleine Allemagne, contre la Prusse, journal condamné et supprimé en 1870 comme anti-prussien ?....

Mais nul n'ignore, dans le cénacle si pur du *Gambettisme*, que le publiciste qui fut le rédacteur et le représentant de Baragnon en Allemagne, est, actuellement, et depuis la fondation de la *République française*, son principal correspondant, soit en Saxe soit en Prusse.

Faut-il parler des campagnes de Baragnon dans le département du Gard ? des manœuvres soi-disant très-équivoques qu'il s'est permises ?

Mais qui mieux que le comité des républicains radicaux du Gard lui-même, peut juger la conduite de celui qui, le premier, a réveillé sous l'empire l'opposition dans ce département ?

Or, ces radicaux n'ont-ils pas choisi, à l'unanimité, Pierre Baragnon, pour lutter aux dernières élections législatives du 20 février 1876, contre le candidat plébiscitaire et centre gauche, M. Manse ? N'ont-ils pas adressé au comité Bonne-Nouvelle une communication admirable, à ce sujet. — Que dire après une consécration aussi récente ?

Faut-il parler du *Centre Gauche* ? et Paris tout entier consentirait-il à laisser entacher les origines de ce vaillant journal de combat après les courageux services qu'il a rendus à l'heure suprême ? Voyons : une notice biographique de Vapereau, dont Baragnon a dédaigné de demander la rectification dit, il est vrai, que ce journal *contribua à l'avénement du cabinet du 2 Janvier !...* Hélas ! la fondation de cette feuille a daté du 2 février seulement. « Comment l'eussè-je fait, si je n'étais pas né ! »

Soutient-on qu'à cette époque même le *Centre gauche* a été un instant ministériel ? Auquel cas, nous rappelerons les refus absolus opposés par Baragnon aux propositions subreptices qui lui étaient faites ; auquel cas, nous ajouterons, pour notre compte, la déclaration suivante à savoir : « que le *Centre gauche* n'a eu que deux propriétaires-fondateurs : Panis, l'ancien administrateur du *Rappel* et Baragnon ; et que ce journal, qui a occasionné à ces deux hommes des pertes considérables, n'a jamais reçu, en dehors de ses abonnements et de ses annonces, un centime, soit de subvention, soit de souscription, soit de participation quelconque à son capital. »

Devons-nous parler de la préfecture de Nice ? Que s'y passe-t-il ?

On accuse Baragnon d'inventer la question *séparatiste* « qui n'existe pas » ; on désavoue les mesures de précaution qui lui sont inspirées par la plus élémentaire prudence ; on restitue l'influence locale aux hommes que Baragnon avait écartés ; et, trois mois après, ces hommes qui se nomment Piccon et Bergondi sont députés ! L'un trahit la France avec un cynisme effroyable dans un banquet italien ; il est forcé de démisionner, rayé des cadres de la Légion-d'honneur. L'autre se suicide. Un troisième, compris dans la conspiration niçoise, M. Avigdor, banquier, se suicide également.

Dans cette trame ténébreuse, on touchait sur notre

frontière la main de la Prusse, à l'heure même de nos grands désastres ! Baragnon s'était-il trompé ? Est-ce lui qui favorisait ces séparatistes ou bien M. Sénard qui était leur dupe, pour ne pas dire leur complice ?

Resterait la conduite de Baragnon au Conseil général des Bouches-du-Rhône. Mais nous ne sachons pas qu'un seul républicain radical la discute.

Que dit-on seulement à ce propos ?

Qu'il n'avait point à poser sa candidature au Conseil municipal de Paris, étant conseiller général à La Ciotat.

La réponse est simple : Baragnon n'a pas posé sa candidature à Paris. Cette candidature lui a été offerte « avec instance », et le chiffre de voix que son nom a réuni dans le comité électoral du quartier de Bonne-Nouvelle le prouve assez explicitement.

En outre, Baragnon n'a accepté que « sur la sanction préalable de son comité de La Ciotat » et dans l'espérance de faire place dans ce canton à une candidature ouvrière que les démocrates des Bouches-du-Rhône connaissent bien sans qu'il soit besoin de la nommer, tant elle est indiquée par le sentiment républicain.

Enfin, Baragnon avait subordonné son acceptation au cas où le comité « ne trouverait pas de candidat du quartier acceptant le programme radical », et il n'a prêté son nom que lorsque le comité a déclaré à une écrasante majorité « qu'aucun autre que lui ne remplissait les conditions nécessaires ».

***

. Comment, en présence de telles réserves et de si nombreuses considérations, la lutte a-t-elle été si violente et les moyens employés si exceptionnels et si déloyaux ?

C'est que des intérêts personnels étaient ardemment engagés à faire échouer Pierre Baragnon dans le principal quartier du 2ᵐᵉ arrondissement de Paris.

C'est que, brouillé avec Gambetta pour des causes purement politiques sur le terrain de Marseille, après avoir été l'un de ses plus intimes et de ses plus anciens amis, il ne pouvait convenir au despotique directeur de la *République française* et à son groupe, qui l'un et l'autre tiennent de près aux Bouches-du-Rhône, que le quartier Bonne-Nouvelle rendit à Baragnon, pour ses services républicains une justice éclatante, alors qu'on avait réussi à faire écarter sa candidature dans la 4ᵐᵉ circonscription de Marseille.

C'est que ceux-là qui doivent tout à la République, qui sans elle seraient sans position, sans fortune et sans avenir, et qui tiennent d'elle honneurs, argent et satisfactions immenses pour leur vanité, sont les ennemis instinctifs des citoyens qui, au contraire, sacrifient gratuitement à la République : fortune, avenir, position sociale acquise, santé et repos.

Ceux-ci ne demandent rien au triomphe de leurs idées ; mais, si le suffrage universel s'empare d'eux, ils restent facilement incorruptibles car ils ont trop longtemps souffert pour être accessibles aux appétits et aux ivresses qui brouillent si aisément le cerveau des parvenus.

FIN